AF470208

# FEMMES CÉLEBRES

## DE TOUTES LES NATIONS,

## AVEC LEURS PORTRAITS:

*Ouvrage présenté au Roi, à la Reine &*
*à la Famille Royale.*

Non ! Prométhée aux Cieux n'a pas ravi la flame,
Sans doute il la puisa dans les yeux d'une Femme.

## XII.<sup>e</sup> LIVRAISON.

*Prix 3 livres, & 4 liv. colorié pour MM. les Souscripteurs ;*
*( & 4 liv. & 5 liv. par Numéro sans souscrire. )*

### A PARIS,

Chez { M. Ternisien d'Haudricourt, Auteur de cet
Ouvrage, rue Saint-Honoré, ~~vis-à-vis celle de Grenelle.~~
Et Gattey, Libraire, au Palais-Royal, N°. 14.

## M. DCC. LXXXVIII.

*Avec Approbation & Privilége du Roi.*

MADAME DU NOYER

# GALERIE

## UNIVERSELLE.

## MADAME DUNOYER.

Il n'eſt point aiſé de vous donner une idée juſte du caractère & de la vie de Madame Dunoyer : elle ſe peint dans ſes *Mémoires* comme la femme du monde la plus vertueuſe, la plus honnête & la plus malheureuſe ; ſon mari, au contraire, la repréſente ſous les couleurs les plus aviliſſantes ; écoutons-les l'un & l'autre, & tâchons de découvrir la vérité.

« Je ſuis née à Niſmes, dit Madame Dunoyer ; mon père qu'on appeloit M. Petit, étoit un gros

Gentilhomme de ce Pays-là, qui fans avoir de grandes richeffes, vivoit commodément de fon revenu. Il époufa, en 1661, ma mère qui étoit du même nom & de la même famille que ce fameux Confeffeur de Henri IV, dont le neveu, ( le Père de la Chaife ) remplit aujourd'hui la place auprès de Louis XIV. Elle étoit de Montpellier ; & elle tenoit par fa mère, à tout ce qu'il y avoit de familles de confidération dans cette Ville ».

Elevée dans la religion Proteftante, Madame Dunoyer a fouffert toutes les perfécutions que l'on faifoit effuyer de fon temps, à ceux de fon parti : vous trouverez à ce fujet dans fes Mémoires, une defcription très-longue des garnifons que l'on mit à Nifmes, pour empêcher les Huguenots de faire leurs exercices publiquement ; leurs temples alors furent fupprimés & abattus, leurs Miniftres pourfuivis, & quelques-uns des plus zélés punis avec févérité. Madame Dunoyer qui croyoit ne plus trouver de fûreté à Nifmes, prit fon parti, & paffa à Genêve. Son oncle, M. Coton, avoit abjuré la religion proteftante, & preffoit fa nièce d'en faire autant. Il lui mandoit que fon entêtement ridicule lui feroit perdre fa fucceffion, & qu'elle fe décidât promptement.

Son oncle paternel étoit d'un avis contraire ; & la jeune nièce s'attacha à ce dernier, qui lui fit trouver en Suiſſe les ſecours dont elle pouvoit avoir beſoin. De Genève, elle ſe rendit à Berne, de là à Zurich. « C'eſt une belle Ville, dit Madame Dunoyer ; une rivière paſſe dans le milieu ; mais avec cela Berne me plaît davantage : les femmes n'y ſont pas miſes d'une manière ſi extraordinaire ; car, excepté la cappe, qui eſt une coëffure de peau, faite à-peu-près comme les perruques d'Abbé, & qui ſied très-bien aux jolies perſonnes ; à cela près, dis-je, & qu'elles ſont habillées modeſtement, elles ſont faites comme les autres gens, & du moins on leur voit le viſage ; les filles laiſſent pendre leurs cheveux nattés par groſſes treſſes, & les femmes les cachent ſous la cappe ; ainſi du premier coup-d'œil on démêle une fille d'avec une femme, ſans s'y méprendre ; mais l'habillement des Dames de Zurich eſt quelque choſe de terrible : il eſt d'un gros drap noir, pliſſé & ample, comme les frocs des Religieux Bénédictins, avec des manches pendantes ſur les côtés ; elles croiſent leurs bras dans de grandes manches ; elles ont ſur leur tête un bandeau qui deſcend juſques aux yeux, & un grand linge épais par-deſſus, & ſous le menton

A ij

un autre linge plissé comme un essuie - main , qui leur couvre jusqu'à la lèvre de dessus, si bien qu'on ne leur voit que le bout du nez ; elles vont à l'E-glise , & en reviennent toutes en bande , deux à deux , la vue baissée ; & l'on diroit, à les voir marcher en cet ordre, que c'est une procession de Moines noirs ; après cela elles se renferment chez elles. Les ménages sont fort unis dans ce pays-là : on y marie les gens fort jeunes , & la sévérité des Loix fait que chacun s'en tient à sa chacune , & que quand on n'a pas ce que l'on aime, on aime ce que l'on a ; car l'adultère y est puni de mort ».

Madame Dunoyer quitta la Suisse & passa à Londres. « On me mena à Westminster, dit-elle, où sont les tombeaux des Rois d'Angleterre , & je n'ai rien vu de si beau à Saint-Denis. Je vis celui de la fameuse Reine Elisabeth , & je m'y arrêtai beaucoup ; la Chapelle de Henri VII est une des plus belles choses qu'on puisse voir. On me mena à la maison du Parlement , où je vis la Chambre Rouge , & la Chambre Verte, dont l'une est celle des Seigneurs, & l'autre celle des Communes. Ces deux Chambres règlent le destin de l'Etat, & elles ont même décidé de celui de leurs Rois. Il y a en bas une grande Salle

qu'on appelle la Halle, qui eſt le lieu où les Rois
& les Reines dînent le jour de leur couronnement,
après avoir été ſacrés dans l'Egliſe de Weſtminſter,
où on les fait aſſeoir pendant la cérémonie ſur une
chaiſe ou fauteuil de pierre, qu'on appelle la chaiſe
d'Edouard: il y a ſous cette chaiſe une groſſe pierre,
qu'on prétend être la même dont Jacob fit ſon chevet
à Bethel : cet Edouard, qu'on appelle Edouard le
Confeſſeur, eſt en grande vénération parmi les Anglois ; on garde encore ſon épée à Weſtminſter, j'y
ai vu auſſi l'effigie de quantité de Rois & de Reines.
Celle de Charles II eſt en cire, de ſa grandeur ; il
eſt dans ſes habits, & ceux qui l'ont vu, trouvent
qu'il eſt bien repréſenté ; mais le Général Monk, qui
lui aida à monter ſur le trône, eſt ſi reſſemblant, que
les plus habiles s'y méprendroient. La première fois
que je le vis, je me rangai pour le laiſſer paſſer ; car
il étoit tout debout, & dans la poſture d'un homme
qui veut marcher.

On me fit voir enſuite la Bourſe, où s'aſſemblent
les Marchands, & où ſe fait tout le commerce de
ce pays là, qui eſt un des plus conſidérables de
l'Europe. On voit dans cet endroit les ſtatues de
tous les Rois & Reines d'Angleterre, en marbre, &

repréfentés au naturel ; je fus enfuite à la pyramide qui eft d'une hauteur prodigieufe : on dreffa ce monument dans l'endroit où le feu s'arrêta lors de l'incendie, qui confuma prefque toute la ville de Londres. Il y a dans l'épaiffeur de ce pillier, un degré par où l'on monte jufques au haut, où l'on trouve une manière de balcon qui en fait le tour, & d'où l'on peut voir une grande étendue de pays : les hommes les plus grands paroiffent des pigeons, quand on les regarde de cet endroit là ; la Tour eft encore un endroit qu'on va voir par curiofité : on y garde la Couronne d'Angleterre & quantité d'autres chofes, qu'on montre comme le tréfor de Saint-Denis en France : entr'autres chofes on y voit la hache avec laquelle on décolla Anne de Boulen, femme de Henri VIII, & mère de la Reine Elifabeth. Cette Tour eft fur le bord de la Tamife, & à un des bouts de la Ville ; elle eft bien gardée, & bien fortifiée. L'Eglife de Saint-Paul eft encore une chofe curieufe, par fa prodigieufe grandeur : on y a travaillé fous quatre Rois, & elle n'eft pas encore prête d'être achevée. Enfin il y a des chofes à admirer dans ce pays là, qu'on appelle *la terre des Anges*. Car c'eft ce que fignifie le nom d'*England*, que nous avons

traduit par le mot d'*Angleterre*. Le fexe y eft très-
beau , les femmes y font bien faites , elles font toutes
blanches , & ont les cheveux d'un blond fouvent un
peu trop doré. Elles marchent de bonne grace ; mais
leur beauté ne dure pas. Elles perdent leurs dents de
bonne heure ; & la maladie du pays , qu'on appelle
confomption , dont elles font prefque toutes atta-
quées , les defsèche , & les change extrêmement :
je crois que la manière dont on vit dans ce pays là ,
contribue beaucoup à affoiblir la conftitution : on y
élève prefque tous les enfants à la cuiller & fans
tetter. On n'y mange prefque point de pain ; mais
grande quantité de viandes , moitié crue , & beaucoup de confitures & de douceurs : jamais de foupe.
On n'y fait qu'un repas par jour , qui eft le dîné , &
après cela on ne mange plus de tout le jour , ce qui
fait qu'on mange beaucoup plus qu'on ne devroit.
Ce fut du temps de Cromwel , qu'on fupprima les
foupers pour payer quelques impôts : & comme on
a vu qu'on pouvoit s'en paffer , on ne les a plus ré-
tablis : fi bien que dans les meilleures maifons où vous
ferez depuis trois heures après midi jufques à minuit ,
on ne vous donnera autre chofe que du thé , du
café , du chocolat , ou une autre drogue qu'ils appel-

lent rambourk , qui eſt compoſée avec du vin d'Eſ-
pagne , des blancs d'œufs, de la canelle , du ſucre.
Le matin on prend encore du chocolat. Il n'y a pas
de pays dans le monde , où l'on faſſe moins de cas de
la vie que dans celui-là : on s'y tue pour rien : & il
s'eſt même trouvé des Théologiens parmi eux , qui
ont prétendu que ce n'étoit point un péché ». Madame Dunoyer prétend que tous les jours on pêche
dans la Tamiſe des perſonnes noyées, avec leurs
poches pleines de plomb , afin d'aller plutôt au fond
de l'eau.

« On apprend , ajoute-t-elle , aux enfants dans
les écoles , à compoſer une harangue, pour réciter ſur
les échafauds ou le gibet : car ils ſont tous préparés à
y monter , & y montent même ſans peine , ſoit que
les crimes ou les révolutions de l'Etat les y condui-
ſent , & c'eſt là où ils brillent. La mort du Duc de
Montmouth n'édifia pas le peuple , parce qu'il ne
ſe piqua pas d'une grande éloquence dans cette occaſion. Outre toutes celles qu'ils ont de perdre la
vie , ils en cherchent d'autres où ils l'expoſent fort
légérement : car dans la débauche , on fait partie de
ſe battre pour une bouteille de vin , tout comme
on feroit la partie de la jouer ailleurs : & c'eſt le

vaincu

vaincu qui la paie : & il ne faut pas compter qu'on se batte pour rire ; ils y vont de tout leur cœur, & il y a bien des gens estropiés à ce petit jeu là : car il ne faut pas croire qu'ils aient moins de dureté pour les autres que pour eux. Ils se donnent dans ce pays là une espèce de plaisir, qui, selon moi, a quelque chose de barbare, qui est d'assister à des combats de Gladiateurs : chacun va là pour son argent comme à l'Opéra, & ces Gladiateurs paroissent sur un théâtre en habits de combattants, & après avoir bu ensemble un moment auparavant, ils se battent comme s'ils étoient ennemis mortels, & risquent de perdre leur vie pour trouver les moyens de l'entretenir : celui qui tue son compagnon, est pendu s'il le tue sur le théâtre, ce qui fait que dès qu'il le croit blessé à mort, il lui donne un coup de pied, & le fait tomber en bas ; & pourvu qu'il meurre à terre, il n'en est plus parlé. On voit là des hommes tout criblés de coups, & couverts de sang ; & lorsque ces malheureux s'arrêtent un moment pour reprendre haleine, le peuple crie : play, play, c'est-à-dire, jouez, jouez. On dit qu'un jour que Charles II assistoit à un de ces spectacles, un Gladiateur, après avoir eu la précaution de demander

B

sa grace, dit à son compagnon : prends garde à ta tête, & la lui fit sauter d'un seul coup, ce qui fit admirer son adresse, & réjouit beaucoup l'assemblée. Quand on pend dans ce pays là, ce n'est jamais pour un seul ; ils vont en bande au supplice : & chacun des criminels prie ses parents & ses amis, comme pour des nôces, & les régale de son mieux. Tous les conviés le suivent au lieu du supplice, qui est ordinairement Tiborne. Ils ont chacun un ruban à leur chapeau, de la couleur de celui du patient, & des gands blancs qu'il leur donne aussi. Il y en a qui ont permission d'y aller en carrosse : & quand ils doivent être enterrés, ils portent le cercueil derrière en guise de valise : les autres sont pêle-mêle dans la charette : avant l'exécution, chacun boit avec ses amis ; & après avoir harangué l'assemblée, & s'être bien embrassés, les criminels se laissent pendre, & leurs amis les regardent tranquillement : les femmes y accompagnent leurs maris, & leur rendent même le dernier devoir, qui est de les tirer par les pieds. Il y en eut une pendant que j'étois à Londres, qui suivit son mari dans un fiacre, & dès qu'ils furent arrivés, elle en descendit, & le vint embrasser : elle portoit une petite bouteille dont elle lui fit boire : quand il fut prêt à être pendu, elle l'embraſſa encore fort tendrement ; ils bûrent encore de bonne amitié : & dès qu'on lui eut mis ſon mouchoir ſur le viſage, comme on fait dans ce pays là, pour qu'on ne voie pas les grimaces & les contorſions que font les pendus, cette femme rentra dans ſon carroſſe, s'appuya ſur la portière pour le mieux regarder, & n'en bougea point que tout ne fût achevé : on n'y fait pas d'autre façon que de ranger les criminels les uns après les autres, tout de bout ſur la charette, & après avoir attaché leurs cordes au gibet, on fouette les chevaux, qui entraînent au plus vîte la charette, & ces malheureux reſtent en l'air. C'eſt alors que leurs femmes ou leurs bons amis les vont tirer par les pieds. Mais c'eſt aſſez parler de pendus ; & pour changer la thèſe, je vous dirai que l'on me mena à la Comédie ; je n'y avois jamais été, car dans notre Province, ces ſortes de plaiſirs étoient interdits aux Proteſtants. On joua ce jour là une Tragédie, appelée la deſtruction de Jéruſalem : le ſpectacle étoit très-beau, & quoique je n'entendiſſe pas la langue, je compris pourtant toute l'intrigue : il y eut quantité de gens poignardés ſur le théâtre : car les Anglois aiment beaucoup à enſanglanter la ſcène.

Je me trouvai auſſi à Londres lorſqu'on fit le My-lord Maire : c'eſt une grande fête que l'on donne tous les ans lorſque l'on crée ce Magiſtrat, qui eſt tou-jours un Marchand des plus riches : ſes fonctions ſont à peu-près comme celles du Lieutenant de Po-lice de Paris : les Rois ou les Reines aſſiſtent à cette cérémonie, & dînent avec lui dans l'Hôtel-de-Ville, avec les plus Grands du Royaume, qui accompa-gnent le Milord Maire : tous les Corps de Métiers le ſuivent avec leurs drapeaux : en Angleterre il faut être incorporé dans quelque Corps de Métiers ; les Rois mêmes ſe rangent ſous ces ſortes d'étendarts, & la Reine mère eſt actuellement de la compagnie des Couturières. Cette marche dure toute la jour-née ; & dans toutes les rues où elle doit paſſer, les fenêtres ſont remplies de monde, ce qui eſt une occaſion de dépenſe pour ceux qui habitent ces maiſons, car ils ſe font fait une loi de régaler ce jour là tous ceux que la curioſité y attire : auſſi n'y entre-t-on que par billets & par de bonnes recom-mandations. Je ne vis pas créer les Membres du Par-lement, parce que ce n'étoit pas la ſaiſon. Cette élection ſe fait au printemps, par le ſuffrage du peuple qui s'aſſemble pour cela dans des plaines

ou des prairies qui font au bout de la Ville : il eft
quelquefois dangereux de s'y trouver, car il arrive
fouvent du défordre entre les amis des concurrents ;
& la liberté du peuple eft fi grande dans cette occafion, que quand ils veulent exclure quelque Seigneur, de quelque Maifon qu'il puiffe être, ils lui
reprochent publiquement tout ce qu'ils peuvent ima-
giner contre lui, ou contre fa famille, & remontent,
pour trouver quelque tache, plufieurs générations.
Ces reproches odieux qu'ils font obligés d'effuyer,
fans fe plaindre, irritent ceux qui foutiennent leur
parti, & caufent des combats où il y a quelquefois
bien du monde tué ; car, comme je l'ai dit, ce
peuple ne fait pas grand cas de fa vie, ni de celle
de fon prochain. Il y avoit un jour au bout de notre
rue, deux femmes dans un cabaret ( car les femmes
dans ce pays là, ne font pas de façon d'aller à la
taverne, & de fumer comme les hommes ) : ces
deux femmes donc, prirent querelle dans ce lieu là ;
elles fe battirent : & lorfqu'on fut pour tâcher de les
féparer, on en trouva une qui venoit d'avoir l'œil
crevé, & qui mangeoit le bras de fon ennemie ; mais
manger à la lettre, & non pas mordre feulement ;
car cette malheureufe avoit l'os du bras découvert

jufques au coude : toute la chair en étoit mangée ;
& elles étoient fi acharnées l'une contre l'autre,
qu'elles paroiſſoient moins fenfibles à leur état,
qu'au defir de fe venger. En général le peuple y
eft cruel : les François y font fort haïs : & cette an-
tipathie, jointe à l'humeur des Anglois, fait que l'on
entend dans les rues, Freuchdog, c'eft-à-dire, chien
de François ; mais c'eft parmi les petites gens, car
les perfonnes de qualité y font très-polies, & d'un
fort bon commerce. On me fit voir l'endroit où
Charles I fut décollé, & la fenêtre par où il paſſa
pour aller fur l'échafaud : c'étoit la fenêtre de fa
chambre, qui a toujours été murée depuis ; il fut
exécuté vis-à-vis de Vitheal : & fa ftatue, qui eft à
cheval à Charlincroſſ, femble montrer cet endroit
avec fon fceptre. Celui qui lui trancha la tête étoit
mafqué : on dit que ce Prince marqua beaucoup de
réfignation ; & les Anglois le traitent à préfent de
glorieux Martyr, & célèbrent tous les ans fa fête :
on parle avec beaucoup de liberté dans ce pays
là, les Rois & les Reines, & chacun fe mêle de
dire fon avis fur le Gouvernement : on y eft fort
amateur des nouvelles, & c'eft dans les Cafés qu'elles
fe débitent : ce qui fait que ces fortes d'endroits font

extrêmement fréquentés : il y en a dans toutes les rues, & les Miniſtres y vont tout comme les autres gens. On ſe marie en Angleterre ſans beaucoup de cérémonie : il y avoit dans le temps que j'y étois, une Egliſe à Maribonne, où l'on marioit tous ceux qui s'y préſentoient, ſans s'en enquérir pour la conſcience : on dit que le Roi Guillaume & la Reine Marie, ont fait fermer cette Egliſe, & qu'il faut à préſent avoir une diſpenſe pour ſe marier ; mais on n'en refuſe à perſonne : & l'on n'a qu'à porter une guinée aux bureaux qui ſont établis pour cela, où l'on vous expédie une diſpenſe en bonne forme : après cela vous avez un de vos amis, qui ſe dit être votre père, & un autre qui ſe dit le père de la Demoiſelle, & avec deux témoins & la diſpenſe, ſans faire d'autre enquête, le premier Miniſtre bénit le mariage, & quand il arriveroit que le Miniſtre n'auroit pas été en droit de le faire, ou qu'il y auroit des nullités, le Miniſtre en ſeroit châtié ; mais le mariage ſeroit toujours bon, & ne pourroit être caſſé : cette grande facilité fait qu'on en voit ſouvent de mauvais ; car ſi la fille d'un Milord s'entête d'un valet, elle l'épouſe en dépit de ſes parents, qui ne peuvent ni l'empêcher, ni faire caſſer le mariage : l'agrément qu'on a, c'eſt que les femmes ne perdent pas leur rang quoiqu'elles se méſalient ; & quand elles ont un mari qui leur eſt inférieur, elles gardent leur nom de baptême, qu'elles joignent à celui du mari, pour faire voir que c'eſt par elles-mêmes qu'elles ſont Milady ».

C'eſt par de pareilles digreſſions, que Madame Dunoyer coupe le récit des choſes qui la regardent perſonnellement ; & c'eſt auſſi ce qu'il y a de plus intéreſſant dans ſes Mémoires. Ce tableau des mœurs & de la vie des Anglois m'a paru inſtructif & agréable.

De Londres, Madame Dunoyer vint à Paris, où elle trouva M. Coton qui n'épargna rien pour l'engager à faire abjuration ; mais Madame Dunoyer, élevée dans des principes différents, réſiſtoit à toutes les ſollicitations. Enfin, après avoir été transférée de Couvent en Couvent, elle épouſe M. Dunoyer, qu'elle ſuppoſe lui avoir ſurpris pour cela une eſpèce de profeſſion de foi. Elle nous aſſure que le Roi s'intéreſſoit beaucoup à elle ; & voici ce qu'elle prétend lui être arrivé à Verſailles.

« Le Roi, dit-elle, avoit déjà commencé le ſouper lorſque nous arrivâmes au Château : & la foule étoit ſi grande autour de lui, que je ne croyois pas en pouvoir approcher ; j'y parvins pourtant à la fin ; &
je

je me trouvai infenfiblement, à force de pouffer,
tout auprès de la table, & vis-à-vis du Roi. Je ne
fais s'il s'apperçut de l'application que j'avois à le
regarder, ou ce qui put lui donner de la curiofité
fur mon chapitre ; mais il demanda qui j'étois, &
le demanda fi haut, que comme on ne pouvoit pas
fatisfaire fa curiofité, parce que je n'étois pas connue, je me crus obligée de le faire moi-même. Et
après avoir dit d'abord mon nom de fille, j'ajoutai
que je l'avois changé depuis peu, en époufant Monfieur Dunoyer par ordre de Sa Majefté, au fortir
des Couvents où elle m'avoit fait enfermer pendant
neuf mois. Le Roi me reconnut parfaitement bien à
tout cela, & me répondit avec beaucoup de bonté,
qu'il efpéroit que je lui faurois bon gré de tout ce
qu'il avoit fait pour moi, que le féjour du Couvent
contribueroit à mon bonheur éternel, & qu'il fou-
haitoit que je trouvaffe le temporel dans le mariage
qu'il m'avoit fait faire. Après cela il fe tourna du
côté de Madame la Dauphine, & lui conta mon
hiftoire, mon retour d'Hollande, la peine que l'on
avoit eue à me perfuader d'être Catholique ; & après
avoir fait quelques digreffions à mon avantage, il
dit, qu'il m'avoit mariée à un de fes Officiers. Tout

C

le monde étoit ſi attentif à ce récit, qu’on n’enten-
doit pas le moindre bruit dans la ſalle ; & les yeux
de tous les Courtiſans étoient ſi fort attachés ſur
moi, que ſi je n’avois pas eu un peu de fermeté,
je me ſerois bientôt déconcertée. Chacun croyant
faire ſa cour, diſoit quelque choſe d’obligeant pour
moi. On donnoit des explications heureuſes à toutes
les réponſes que je faiſois ; & ſi j’avois eu de la vanité, elle auroit été bien remplie dans ce moment
là. . . . . . . . Le ſecond jour je fus dans
la galerie, & j’y attendis le Roi au ſortir de la
Meſſe : dès que je lui eus fait la révérence, il me
dit avec beaucoup de bonté : je viens, Madame, de
vous accorder tout ce que vous m’avez demandé :
j’ai donné ordre à M. de Château-neuf de vous faire
rendre votre bien & les revenus ; voyez ſi vous ſou-
haitez encore quelque choſe. . . . Comme cette
ſeconde ſcène ſe paſſa aux yeux de toute la Cour,
cela augmenta les regards qu’on avoit déjà pour
moi ; & je me vis en peu de temps fort à la mode :
ſi j’allois à la Meſſe du Roi, on s’empreſſoit à me
faire placer dans la tribune des Princeſſes ; & un jour
qu’un Garde qui ne me connoiſſoit pas, voulut m’a-
vertir qu’il falloit être d’un certain rang pour ſe

mettre là, un Seigneur qui portoit un cordon bleu, lui dit d'abord, laissez passer cette Dame, c'est celle à qui le Roi a parlé, & on a ici des égards pour elle : si bien que le pauvre Garde me fit mille excufes, & j'entrai dans la tribune de Madame de Montefpan : enfin M. de Château-neuf, fuivant l'ordre du Roi, me donna un brevet pour rentrer dans mes biens, & le Roi m'en fit expédier un autre par M. de Seignelay, de trois cent livres de penfion, qui, jointes à fix cents que Sa Majefté m'avoit d'abord données, faifoient la fomme de neuf cents livres qui m'ont été toujours réguliérement payées tous les ans ».

Après cette longue narration des bontés du Roi, & des applaudiffements de toute la Cour, Madame Dunoyer paffa à l'hiftoire de fon voyage de Nifmes, & des peines qu'elle fe donna pour obtenir que M. Dunoyer fût Conful. L'année fuivante il acheta la charge de Grand-Maître des Eaux & Forêts de Languedoc, & alla s'établir à Touloufe, où cette charge l'appeloit. Il s'en défit quelque temps après, & Madame Dunoyer revint à Paris. Un jour qu'elle étoit à l'Opéra, elle fe prit de querelle avec une femme à qui elle arracha la coëffure : & enfin elle quitta la France & fon mari, dont elle étoit auffi m'écontente, qu'il étoit lui-même peu fatisfait d'elle.

« Depuis huit ans que je l'ai quitté, dit-elle, il a eu la dureté de ne me rien envoyer, quoiqu'il ait bien fu que j'avois fouvent manqué du néceffaire dans un temps, où par mon moyen il jouiffoit du fuperflu : c'eft une ingratitude fans exemple, & une marque de dureté pour une femme qui lui a apporté des biens confidérables ; car ma reconnoiffance totale fe monte à près de quatre-vingt-deux mille francs d'argent comptant, outre les biens en fonds que j'ai à Nifmes, & neuf cents francs de penfion du Roi, dont je l'ai toujours laiffé le maître. Mais, comme je l'ai déjà dit, c'eft mon fort de faire des ingrats ; & Dieu le permet pour me détacher entièrement du monde, où l'on ne trouve plus de cœurs droits. Si M. Dunoyer croyoit pouvoir fe difpenfer des fentiments de reconnoiffance qu'il me devoit, du moins ne devoit-il point étouffer ceux de la Nature à l'égard de fes filles ».

Madame Dunoyer avoit paffé de France en Hollande, d'Hollande en Angleterre, & s'y étoit dévouée toute entière au Proteftantifme ; elle fouffrit, pour le profeffer, tout ce que la mifère a de plus

affreux : du moins ce font fes termes, & c'eſt ici
que finit ce qu'elle appelle fes *Mémoires*. Je vous
ai promis d'oppofer aux faits qu'elle cite, les ré-
ponfes de M. Dunoyer: ce fera le fujet de la lettre
fuivante.

Le mari de Madame Dunoyer a cru, qu'il étoit
de fon honneur de fe juſtifier envers fa femme &
envers fes filles : de faire connoître au public qu'il
n'étoit point un père barbare ni dénaturé : de donner
une idée juſte du caractère de fon époufe, & de
manifeſter les véritables motifs qui l'ont engagée à
fortir du Royaume.

Vous avez vu que cette femme fingulière, fe
donnoit pour la fille d'un bon Gentilhomme : voici
comme M. Dunoyer, parle d'elle & de fa famille.
« Elle a cru apparemment fe donner un grand re-
lief dans le pays étranger, de citer fi fouvent des
Princes, des Ducs, des Maréchaux de France, des
Evêques & Archevêques, defquels, je puis le pro-
teſter, elle n'a jamais eu l'honneur d'approcher. Je
voudrois bien lui demander quel caractère diſtingué
fa famille & elle ont eu dans le monde, pour
s'attribuer un commerce fi familier avec tous ces Sei-

gneurs. Seroit-ce par M. Coton, Maître-d'Hôtel du Maréchal de Lorges ? Seroit-ce par elle, qui jufqu'alors avoit été confinée dans fa Province ? Seroit-ce par fon grand génie ? Aucun de fes rares Ouvrages n'avoient encore paru ».

Rappelez-vous la pompe avec laquelle Madame Dunoyer vous a fait la defcription de fon voyage de Verfailles, & de fon entrée à la Cour ; & écoutez ce que dit à ce fujet M. Dunoyer. « Nous allâmes donc à Verfailles, où malgré les bonnes inftruction que j'avois données à Madame Dunoyer, elle ne laiffa pas de vouloir s'avancer auprès du Roi pour lui préfenter fon placet. Le Maréchal de Noailles lui fit figne de fe retirer, la tira en particulier, & eut la bonté de lui dire que perfonne n'en préfentoit fans la permiffion du Capitaine des Gardes de quartier. Vous le voyez bien Madame, lui dis-je ; je fuis fâché que vous ne vouliez faire qu'à votre tête. Je ne pus me retenir de lui parler un peu haut : une foule de Courtifans s'affemblèrent autour de nous : il fe trouva parmi le grand nombre, un jeune Officier qui la regarda attentivement, & s'écria à un de fes amis ; non : oui, je ne me trompe point : c'eft ellemême ; on ma dit qu'elle étoit revenue d'Hollande.

Que diable vient-elle faire ici ? La voilà parée comme un Autel du Jeudi béni. De qui veux-tu parler, dit cet ami ? Et cadédis, c'eſt de Medemoiſelle Girgoule, ( c'eſt le nom d'un champignon qui ſe trouve en Languedoc ) ne la reconnois-tu pas ? Dieu me damne, c'eſt elle-même : d'autres Gaſcons entrèrent dans la converſation, & s'écrièrent : Hé parbleu ! ce n'eſt pas la mal nommée, & jamais figure n'a mieux reſſemblé à Girgoule. Ce fut un éclat de rire général, qui, malgré le reſpect que portoit l'endroit où nous étions, vint juſqu'aux oreilles du Roi, qui en demanda le ſujet : quelques Seigneurs Gaſcons lui expliquèrent le nom de Girgoule.

Je reſtai ſi confus que je quittai la place. Madame Dunoyer, au contraire, s'approcha de ſon Gaſcon, lui demanda des nouvelles du pays, lui fit à la vérité quelques légers reproches ſur ſon imprudence. Nous ne ſommes plus des enfants, lui dit-elle ; & ſans vanité je ſuis depuis quelques jours mariée à un des plus jolis hommes de Paris ; c'eſt le premier Capitaine du Régiment de Touloufe. Tenez, le voilà, dit-elle, me montrant au doigt ; qu'en dites-vous ? N'eſt-ce pas un homme de bonne mine ? Nous nous ſommes épouſés à Paris : c'eſt le

Curé de Saint-Laurent qui nous a mariés : j'ai abjuré à la fin les héréſies de Calvin.

Le lendemain , Madame Dunoyer fut préſenter ſon placet. Elle ne parut pas ſitôt aux appartemens, que tout le monde la reconnut pour celle dont la préſence avoit excité la riſée de la veille : chacun ſe diſoit à l'oreille , place à Mademoiſelle Girgoule, place à Mademoiſelle Girgoule ; tellement que la place fut ſi bien faite à Mademoiſelle Girgoule , qu'elle ſe trouva plantée vis-à-vis du Roi : ſa figure, cet air riant qui étoit peint ſur tous les viſages , donnèrent quelque légère curioſité à Sa Majeſté : il ſe tourna du côté du Maréchal de Noailles , & lui demanda ſi ce n'étoit pas cette Demoiſelle Champignon qu'il avoit vu le matin. Le Roi jetta en même temps ſa vue ſur Madame Dunoyer , qui prit d'un air fort gaillard la parole : Sire , dit-elle, je demande bien pardon à votre Majeſté , mon nom de fille eſt Anne-Catherine Petit , qui eſt celui de mon père : celui de ma mère , eſt Coton, de la même famille du Père Coton , Confeſſeur du grand Roi Henri , votre grand père : Girgoule eſt un ſobriquet qu'on me donnoit autrefois, lorſque j'allois à l'école, parce que j'ai toujours été courte & groſſe ; & c'eſt un Officier qui

a

a eu l'infolence de m'appeler comme cela en préfence de votre Majefté.

Le Roi, Monfeigneur, les Princes, & toute la
Cour, firent un éclat de rire, qui fut, comme le
dit parfaitement bien Madame Dunoyer dans fes Mémoires, tant que nous fûmes à Verfailles, l'Evangile
du jour ».

Le fobriquet de Girgoule fuivit Madame Dunoyer
jufqu'à Nifmes, & elle ne faifoit pas un pas, qu'elle
n'eût une troupe d'enfants qui crioit après elle ; foyez
la bien revenue, Mademoifelle Girgoule.

M. Dunoyer prétend que lorfqu'il fut revêtu de
la charge de Grand-Maître des Eaux & Forêts, fon
époufe devint d'un caractère infupportable. « Elle
crut, dit-il, en impofer à la Nobleffe ; fa langue
étoit des plus venimeufes ; elle ne trouvoit rien de
bien fait, rien de bien dit : rien ne lui plaifoit. Je
fus fi mortifié de fes mauvaifes manières, que je ré-
folus, à quel prix que ce fût, de me défaire de
ma charge.

Madame Dunoyer m'en fournit bientôt les moyens :
les préfents qu'elle exigeoit des pauvres Cliens la
rendirent fi odieufe, qu'on commençoit de crier
*haro* ; tout retomboit fur moi ; & les bruits de Ville

D

n'étoient autre chofe, que Madame Dunoyer portoit la culotte ».

M. Dunoyer fe défait effectivement de fa charge, & revient à Paris avec fa femme : nouvelles plaintes contr'elle, & plaintes très-grièves.

Il faut avouer, dit-il, que nous autres Parifiens, nous fommes de bons humains : nous aimons à avoir les coudées franches, la jaloufie n'eft pas notre vice dominant : nous lâchons librement la bride fur le col de nos femmes, & je puis avec justice avancer que Paris eft le centre des bons maris. J'avois cependant l'œil à mes affaires ; j'appris que ma femme ne bougeoit de l'Eglife des Grands Cordeliers ; & deux Religieux de ce Couvent, vifages à moi très-inconnus, venoient quelquefois au logis. Je confentois bien que les Moines partageaffent les charmes de mon époufe ; mais comme ces fortes de commerces, & fur-tout avec de laides femmes, fe trouvent toujours beaucoup plus dangereux pour la bourfe, que pour cet honneur que les hommes y ont attribué, je fis fentinelle à tout : qu'ils buffent mon vin, mangeaffent ma foupe, je traitois cela de bagatelle ; mais Madame Dunoyer ne s'en tenoit pas là : je voyois tous les jours mon argent diminuer,

ma table rognée, quelques diamans égarés, & in-
senfiblement, si je n'y eusse mis ordre, je crois que
la maifon auroit bientôt été démeublée : je lui en
fis de très-vives plaintes. Elle me répondit d'un air
fimple & modefte, que je n'ignorois pas que le prin-
cipal chemin du Ciel dans notre Religion, étoit de
faire du bien à l'Eglife ; qu'elle avoit eu quelques
apparitions du Bienheureux Saint-François d'Affife ;
qu'elle s'étoit engagée à faire du bien à fes Difci-
ples ; que depuis qu'elle avoit mis en pratique ces
fortes de bonnes œuvres, elle avoit reffenti une
grace toute fingulière, & qu'enfin elle ne doutoit
nullement, que le temps & les exhortations de ces
vénérables Pères, ne détruififfent entièrement le peu
de penchant qui lui reftoit pour le Calvinifme.

Ce pernicieux & diabolique commerce ne parut
que trop tôt : Madame Dunoyer le reffentit vive-
ment : fon tein rembruni devint livide & abbatu :
elle étoit accablée de maux de tête, de reims, &
quelquefois fi fort que j'eus peur d'une paralyfie ;
mais l'épilepfie étant venue au fecours, je conjec-
turai d'abord de la vérité de fes maux : j'envoyai
chercher Médecins, Chirurgiens ; elle ne voulut
point avouer la dette : cependant il fallut en con-

venir ; mais ce ne fut qu'après avoir traité cela de vision, après avoir dit qu'elle se portoit très-bien, après avoir juré par tous les Saints & Saintes du Paradis, qu'elle étoit la femme du monde la moins infidèle, & enfin qu'elle étoit la plus malheureuse de toutes les créatures ».

Madame Dunoyer avoit été amoureuse de son mari ; il lui restoit encore quelques étincelles de cet amour : & malgré les libertés qu'elle se permettoit, elle sentoit de temps en temps renaître sa jalousie, si elle apprenoit que M. Dunoyer allât d'habitude chez quelque femme.

« Elle me détacha, continue son mari, quelques espions qui lui confirmèrent mes fréquentes visites chez Madame Boulanger ; elle s'imaginoit que j'étois fort avant dans ses bonnes graces, & elle se trompoit. Que fait cette folle ? Elle va un matin à la Fripperie, y acheter un habit de livrée complet, & sur le soir, ainsi déguisée, elle vient à la porte de cette Dame, se glisse dans la Cour, lorsqu'un carrosse y entroit, & va se cacher dans une écurie, mais non pas si à couvert, qu'un cocher en y entrant ne l'apperçut.

Le Cocher n'en fit aucun semblant, la peur même

le faifit : il ferma les portes, affembla les Domeftiques, & d'un air égaré monta à l'appartement de
Madame, où nous étions : au fecours, nous cria-
t-il, au fecours, Meffieurs, la maifon eft pleine de
voleurs, je les tiens enfermés dans mon écurie.

Les Dames fe crurent perdues : les Robins & les
Financiers ne favoient où fe fourrer : pour moi qui
autrefois avoit affronté le canon & le moufquet, je
me déclarai le chef des exterminateurs de tous les voleurs qui étoient cachés ; je pris un bon fufil ; je fis
armer les domeftiques : chacun prit ce qu'il ren-
contra fous fa main : le Cocher nous conduifit à
l'écurie : tous les combattans tombèrent deffus à
grands coups de fourches & de bâtons : le voleur
tomba bientôt les quatre fers en l'air, criant mifé-
ricorde ; & qui étoit ce voleur ? Madame Dunoyer.
Sa voix que je fus auffi-tôt diftinguer, me jetta dans
la dernière furprife : je fis ceffer les coups ; mais non
point fi promptement, qu'elle n'en reçut encore
quelques-uns qui la mirent hors de connoiffance :
je fis retirer tous les domeftiques & appeller mes
gens : mon carroffe étoit par bonheur dans la cour :
je la fis porter & mettre comme un fac de bled

dedans ; on la mit enſuite au lit ; & elle y reſta trois bonnes heures ſans ſentiment ».

Enfin Madame Dunoyer réſolue de quitter la France, d'embraſſer une ſeconde fois le Calviniſme, ſuppoſe avoir beſoin de prendre les bains d'Aix, obtient un paſſe-port, & ſe met en route avec ſes deux filles.

« Une vingtaine de Marchands ( c'eſt toujours M. Dunoyer qui parle ) venoient journellement m'apporter des Mémoires de parties conſidérables de marchandiſes livrées à Madame Dunoyer : je crois qu'ils s'étoient donnés le mot ; car il en vint quinze dans une ſeule matinée ; j'examinai tous leurs comptes : la ſomme ſe montoit à près de vingt-ſix mille livres qu'elle avoit pris à crédit chez les uns & les autres. J'en voyois tous les jours paroître de nouveaux : ce fut pour lors, que je ne doutai plus de ſon échapade : je me repentis bien de ma ſotte complaiſance. Les Marchands prétendirent être payés ; mais ils avoient eu tort de prêter de ſi groſſes ſommes à une femme en pouvoir de mari : & la Juſtice les renvoya à la loi.

Le crédit ou plutôt le vol manifeſte que Madame

Dunoyer venoit de faire à son départ, me fit examiner de près ma maison. Je n'y trouvai à la vérité rien de dérangé dans le ménage : la vaisselle d'argent se trouva complette ; il n'en fut pas de même de mon cabinet : j'allai visiter un petit bureau où j'avois dans un tiroir deux billets de mille écus chacun, payables au porteur, & les diamants de mariage, je ne sais comme elle s'y étoit prise ; la serrure ne me parut point forcée ; mais je ne trouvai point les billets non plus que les pierreries ».

Suivez Madame Dunoyer, & vous la verrez courant de pays en pays, solliciter des pensions, & se faire mettre au nombre des pauvres malgré les sommes considérables qu'elles avoit emportées de France, & qu'elle cachoit soigneusement : cependant le mystère fut découvert ; & Madame Dunoyer se vit obligée de se servir de ses fonds, par la suppression des pensions qu'elle avoit obtenues sous un faux énoncé. Son malheur la conduisit à Utrecht, où elle fut couverte de ridicule ; sur-tout dans une Comédie que l'on y joua, intitulée *le Mariage précipité*, dans laquelle elle étoit peinte au naturel.

Il y a bien de la contradiction dans les deux récits de M. & de Madame Dunoyer. Malheureusement

pour elle, M. Dunoyer ajoute à ſes Mémoires, plu-
ſieurs lettres de ſes amis, & qui toutes ſont un té-
moignage contre la conduite de ſa femme. En ſup-
poſant de l'exagération de la part du mari, Madame Dunoyer aura toujours contr'elle un crime
dont il eſt impoſſible de la juſtifier : c'eſt ſon paſſage
continuel de la Religion Catholique à la Proteſtante.
Dans tous les temps, & ſelon ſes intérêts, elle s'eſt
prêtée aux circonſtances ; tel étoit ſon eſprit : celui
de ſes *Lettres Hiſtoriques & Galantes* eſt aiſé à ſaiſir :
elle les a remplies de tout ce qu'elle a vu, de tout
ce qu'elle a ſu. Je ne vous garantirai pas la vérité
de toutes ces hiſtoires : on prétend qu'elle a quelquefois embelli & chargé ſa matière ; quoiqu'il en
ſoit, vous y trouverez ſouvent des anecdotes plai-
ſantes, & preſque toujours une petite deſcription
des endroits par où elle a paſſé. Voici une de ces
anecdotes concernant M. de Fénelon, Archevêque
de Cambrai.

« Vous ſavez, dit-elle, qu'on ne doute point ici
que le Roi n'ait épouſé depuis long-temps Madame
de Maintenon : cela a paru à bien des marques, &
au peu de ménagement qu'elle a gardé avec Mon-
ſeigneur, & avec Madame la Princeſſe de Conti :
enfin,

enfin , on dit que l'envie d'être Reine déclarée , lui
a pris depuis quelque temps , & qu'elle en a fort
perfécuté le Roi : il a réfifté ; mais enfin dans un de
fes quarts-d'heure de tendreffe , il lui promit de
confulter fon Confeffeur là-deffus. Madame de Maintenon crut alors fon affaire en bon train , ne dou-
tant pas que le Père de la Chaife ne fût bien aife de
lui faire fa cour dans cette occafion ; mais il étoit
trop bon politique , & il favoit trop bien qu'on ne
fauroit fe déclarer pour un parti , fans devenir la
victime de l'autre ; c'eft pourquoi il eut affez d'ha-
bileté pour fe tirer d'affaire en fin Jéfuite ; & il dit
au Roi, qu'il ne fe croyoit pas affez bon Cafuifte,
pour décider une queftion fi importante , & qu'il
le prioit de trouver bon qu'il confultât là - deffus
une perfonne éclairée, & dont il lui répondoit. Le
Roi ne vouloit point que fon fecret fût connu ;
mais quand le Père de la Chaife lui nomma M. de
Fénelon, il n'eut point de peine à le lui confier ,
& dit au Père de l'aller chercher. Dès que cet Archevêque fut de quoi il s'agiffoit , il fut fort chagrin , & dit au Jéfuite : que vous ai-je fait , mon
Père ; vous me perdez ? N'importe, ajouta-t-il , al-
lons trouver le Roi. Il les attendoit dans fon cabi-

E

net : le Prélat se jetta à ses pieds en y entrant, & le pria de ne le point sacrifier : le Roi le lui promit, & ensuite lui proposa le cas. Monsieur de Fénelon, avec sa droiture ordinaire, lui représenta le tort qu'il se feroit en déclarant le mariage, & les suites fâcheuses que pourroit avoir cette déclaration : le Roi goûta la solidité de ses raisons, & résolut d'en demeurer là. Madame de Maintenon eut beau le presser ; il lui dit que cela ne se pouvoit : elle lui demanda si c'étoit le Père de la Chaise qui l'en avoit dissuadé : le Roi refusa quelque temps de lui dire ce qui en étoit ; mais enfin par une foiblesse qu'on ne peut que condamner, il dit la chose comme elle s'étoit passée. Madame de Maintenon dissimula son chagrin, songea à la vengeance, & la fit tomber sur le Prélat. On a été long-temps embarrassé à chercher par quel endroit on pourroit attaquer M. de Cambrai, qui n'a jamais donné de prise sur lui. Enfin M. l'Evêque de Meaux, qui étoit fâché que le Roi ne lui eût pas confié l'éducation de Monseigneur le Duc de Bourgogne, & que l'Abbé de Fénelon l'eût emporté sur lui, à force de feuilleter un Livre où le Prélat traite du pur amour, crut pouvoir, avec le secours de ses ruses, donner une mauvaife interprétation à certaines expreffions qui ne font pas plus outrées que celles de Sainte-Thérèfe & de quantité d'autres que l'Eglife révère : il donna cet avis à Madame de Maintenon qui lui avoit remis le foin de fa vengeance , & qui n'en a pas voulu manquer l'occafion : on craint qu'elle ne la pouffe loin. M. de Cambrai eft dans fon Diocèfe qui en attend les effets avec la tranquillité que donne une bonne confcience. Il n'eft plus Précepteur des Princes. On a caffé tous les parents qu'il avoit dans le fervice.

Les Jéfuites s'attendent à un pareil fort ; & je ne fais par quelle politique ils ont déjà commencé les actes d'hoftilité ; car ils font imprimer & vendent à Lyon les Œuvres de Scarron , que Madame de Maintenon avoit voulu faire fupprimer. Peut-être que par ce peu de ménagement, ils croyent l'obliger à en avoir pour eux , & fe rendre redoutables. Mais Madame de Maintenon pourroit bien abatre leur orgueil. Les Comédiens Italiens fe font reffentis de fa mauvaife humeur ; on les a chaffés pour avoir joué *la fauffe Prude*, dans laquelle on dit que Madame de Maintenon s'étoit reconnue : tout Paris regrette cette perte qui a penfé être fuivie de celle

de la Comédie Françoife & de l'Opéra , tant la faveur de notre nouvel Archevêque le mène loin. Les
filles de joie l'en ont remercié par une jolie Requête qu'elles lui ont préfentée, comptant qu'elles
auront bien plus de pratiques dès qu'il n'y aura
plus de fpectacles pour amufer tant de gens qui
font défœuvrés à Paris. Elles lui offrent un tribut
pour les pauvres ; & cette Requête lui a fait connoître le ridicule dans lequel il donnoit. Il a fait
quartier aux Comédiens François & à l'Opéra ,
moyennant un fubfide qu'on exige fur chaque place ,
en faveur des pauvres qui ont intérêt qu'il y aille
bien des gens dans ces endroits là. Ainfi les Prédi-
cateurs n'oferont plus déclamer contre ».

Le canal de Languedoc , la mort du Maréchal
de Montmorency, voilà ce qui va faire le fujet de
cette lettre : & c'eft toujours Madame Dunoyer qui
tiendra la parole.

Le canal de Beziers eft quelque chofe de très-
beau ; & M. de Vauban a dit qu'il voudroit n'avoir
jamais fait que cela : ce que j'y ai remarqué de plus
curieux, c'eft une montagne qu'on a percée , fous

laquelle coule le canal, & fous laquelle par confé-
quent, les barques font obligées de paffer. Ce chemin
dure près d'une heure. . . . . . . Une chofe qui me
furprit encore, c'eft que dans un endroit où une
rivière paffe, on a bâti un pont, fur lequel on a
fait monter le canal : fi bien que je fus toute étonnée
lorfqu'on me fit remarquer une rivière & un Pont
fous nos pieds. . .

On m'a montré à Caftelnaudari, dit ailleurs Madame Dunoyer, l'endroit où M. de Montmorency
perdit la bataille qu'il avoit donnée contre les troupes
du Roi, ou plutôt contre le Cardinal de Richelieu;
& je ne pus m'empêcher de favoir mauvais gré à
ceux qui avoient fermé les portes de la Ville à ce
Prince infortuné, lorfqu'il fut obligé de fuir devant fes ennemis, entre les mains defquels il eut le
malheur de tomber, & qui, comme vous favez,
ne lui firent point de quartier : j'ai vu à Touloufe,
l'endroit où il fut exécuté, & où l'on voit encore les
marques de fon fang contre la muraille : le Parlement
le condamna la larme à l'œil : j'ai vu des gens qui
m'en ont conté bien des particularités, dont je n'a-
vois jamais ouï parler : Madame la Marquife de Saint-
Joiri me difoit, il y a quelque temps, que M. de

Montmorency fut mené chez elle avant que d’être conduit à Touloufe, & qu’il étoit gardé très-foigneufement dans fon château, où Madame la Princeffe de Condé avoit un appartement : cette Princeffe après avoir fait tout ce qu’elle avoit pu pour obtenir la grace de fon frère, voyant bien que le Cardinal avoit juré fa perte, réfolut, pour le fauver, de fe défaire de ce Miniftre. Elle fit part de fon deffein à la Marquife de Saint-Joiri, & la pria de lui aider à l’exécuter : la Marquife étoit encore toute jeune, & n’étoit mariée que depuis fort peu de temps : cependant elle garda le fecret, & promit fon fecours à Madame la Princeffe : le projet étoit que la Princeffe auroit un poignard fous fa jupe, & que lorfque le Cardinal, qui étoit amoureux d’elle, viendroit lui rendre vifite, elle le meneroit dans le jardin ; que Madame de Saint-Joiri, avec quelques autres femmes de confiance, fe tiendroient à la porte, ayant auffi chacune un poignard, pour, au premier fignal de la Princeffe, entrer tout d’un coup, & venir fondre fur cette Eminence, qui auroit fans doute fubi le fort d’Orphée, fi fon bon génie ne lui en eût fait parer le coup. Je ne fai s’il eut un preffentiment de ce qu’on lui préparoit ; mais lorfque la

Princesse l'eut conduit dans un cabinet de verdure,
ce maître fourbe sut si bien se déguiser, & lui
promit la vie de son frère avec tant de serments,
que cette Princesse abusée se laissa persuader, &
perdit le dessein de lui ôter la vie ; par conséquent il
n'y eut point de signal donné. Les Dames rengaî-
nèrent leurs poignards ; & cette occasion de sauver
M. de Montmorency étant manquée, elle ne put
plus se retrouver ; puisque le Cardinal le fit transférer
dès le lendemain à Toulouse, où on l'enferma dans
les prisons de l'Hôtel-de-Ville. Madame de Saint-Joiri
me contoit encore que dans le temps qu'il étoit à son
château, elle fut priée par Madame la Princesse, de
lui aller donner un avis important ; la chose étoit
difficile ; mais la petite Madame de Saint-Joiri en vint
pourtant à bout. Elle fut dans la nuit, pieds nuds
& en chemise, dans sa chambre, se coucha doucement sur son lit, de peur qu'en se réveillant en sur-
saut, il ne fît connoître à ses gardes ce qui se passoit.
Lorsqu'elle s'apperçut qu'il ne dormoit pas, elle lui
dit doucement à l'oreille ce qu'on l'avoit chargée de
lui dire, & s'en retourna sans qu'on y prît garde,
quoiqu'elle fût obligée de passer & repasser dans la
salle où ceux qui le gardoient dormoient par terre

furr des paillaffes. Madame de Saint - Joiri qui eft à préfent fort vieille, m'a conté mille circonftances de cette nature; & j'ai beaucoup plus de plaifir à parler de ces fortes de chofes avec des gens de cet âge, qu'à lire ce que les Auteurs en ont écrit; car les premiers parlent pour avoir vu. Un Prêtre qui accompagnoit le Confeffeur de M. de Montmorency, lorfqu'on menoit ce Prince au fupplice, me contoit l'autre jour, qu'en fortant de fa chambre il s'étoit fait tâter le pouls, pour qu'on vît qu'il n'étoit point ému, & qu'il avoit confervé cette tranquillité jufqu'à l'échafaud; mais, ajouta-t-il, à cet afpect il ne fut plus le même; & quoiqu'il ne donnât aucune marque de foibleffe, fon Confeffeur dit qu'il ne trouvoit plus en lui Monfieur de Montmorency. Comme l'échafaud étoit, dit-on, fort bas, le fang rejaillit contre la muraille, & la marque y eft toujours reftée. Pendant qu'on l'exécutoit *incognito* dans la cour de l'Hôtel-de-Ville, on avoit, par les ordres du Cardinal, dreffé un échafaud tendu de velours noir dans la place de Saint-George, afin d'amufer, toute la journée, la populace; car on craignoit avec raifon, qu'on ne fît des efforts pour l'enlever. Madame de Grammont, mère de l'Evêque de Saint-Papoul, &

femme

femme d'un des Juges de Monſieur de Montmorency, qui ſavoit où ſe paſſoit cette ſanglante ſcène, fut à la porte de l'Hôtel - de - Ville, dans un carroſſe de deuil, pour prendre le corps de ce malheureux Prince, qui l'avoit prié par ſon teſtament de vouloir bien s'en charger. Elle attendit long-temps dans la rue ; mais lorſque l'exécution fut faite, on ouvrit toutes les portes, le carroſſe entra ; & cette Dame, fondante en pleurs, y fit mettre le corps, & le porta dans l'Egliſe des Cordeliers, où il a reſté en dépôt, juſqu'à ce que ſa veuve l'ait réclamé pour le mettre dans le ſuperbe mauſolée qu'elle lui fit dreſſer dans l'Egliſe des Religieuſes de Moulins, chez leſquelles cette Dame a fini ſes jours. L'Evêque de Saint-Papoul me diſoit ſur ce ſujet, que quelque temps avant, que Monſieur de Montmorency ſe déclarât ouvertement, il avoit dit à M. de Grammont, père de cet Evêque ; Monſieur, ſi j'étois accuſé de crime devant votre Tribunal, pourriez-vous bien vous réſoudre à me condamner ? Oui, Monſieur, lui dit Monſieur de Grammont : car ſi vous étiez coupable, je ſuis ſûr que votre Alteſſe ſe condamneroit elle-même. Vous avez raiſon, dit-il ; il ne faut jamais faire d'injuſtices ; mais j'eſpère, ajouta-t-il, que le

F

cas n'arrivera pas ; auſſi, bien loin de ſavoir mauvais gré à M. de Grammont qui avoit été forcé par les loix à prononcer contre lui, il conſia, comme je viens de le dire, ſon corps à la femme de ce Magiſtrat, & lui fit préſent du beau diamant qui eſt encore dans cette famille ».

Telle étoit alors, l'autorité du Cardinal ; & c'eſt ainſi qu'il immoloit ſes victimes.

* * *

Madame Dunoyer n'étoit pas amie de M. de Voltaire, & elle avoit ſes raiſons. Devenu amoureux de ſa fille en Hollande, il avoit trouvé le ſecret de la voir à l'inſcu de ſa mère ; ce qui déplaiſoit beaucoup à Madame Dunoyer. Vous trouverez ici l'hiſtoire d'une partie de ces aventures galantes. L'Auteur ne nomme pas ſa fille, & ne rapporte que la lettre initiale du nom de ſon amant.

M. de Voltaire n'étoit point encore cet homme étonnant, dont les Rois ſe ſont diſputés l'honneur d'apprécier le mérite ; mais l'aurore de ſes talents annonçoit déjà ce qu'il deviendroit un jour (1).

« M. A***, dit-elle, s'étoit aviſé de faire ſa cour à une jeune perſonne de condition, qui avoit

une mère difficile à tromper, & que pareille intrigue n'accommodoit nullement, & ce fut fur les
plaintes de cette mère incommode, & pour rompre
un commerce qui ne convenoit ni aux uns, ni aux
autres, qu'on jugea à propos de renvoyer notre
amoureux d'où il étoit venu, & que par provifion
on prit des mefures pour lui ôter les moyens de
continuer à voir fa belle ; mefures qu'il fut rendre
vaines, comme vous pourrez le voir par quatorze
de fes lettres que je vous envoye. . . . . . Je ne
fais fi la manière dont il fe déchaîna contre la mère
de fa Maîtreffe dans plufieurs endroits de fes lettres,
vous plaira plus que celle dont il traite M. de la
Motte ne m'a plû à moi. Mais je dois vous avertir
que toutes les lignes qu'on a eu foin d'effacer, &
où vous voyez qu'on a marqué des points, étoient
remplies de ce qu'on peut dire de plus affreux contre
cette mère, & fi affreux que la fille n'a jamais voulu
le faire voir à fa meilleure amie, & qu'elle l'a effacé
avant de lui confier ces précieufes lettres que j'ai
trouvé moyen d'attraper ».

Les quatorze lettres de M. de Voltaire fuivent ce
morceau : & en les lifant vous verrez que Madame
Dunoyer avoit obtenu un ordre pour lui faire quitter

la Hollande. Cet ordre fut fignifié à **M.** de Voltaire un foir en entrant chez l'Ambaffadeur , & il lui fut défendu de quitter fon appartement jufqu'au jour de fon départ ; mais avec de l'efprit & de l'amour on rompt toutes les mefures de fes ennemis , & l'on vient à bout de tout.

« Je fuis ici prifonnier au nom du Roi , écrivoit-il à Mademoifelle Dunoyer ; mais on eft maître de m'ôter la vie , & non l'amour que j'ai pour vous. Ah ! mon adorable Maîtreffe , je vous verrai ce foir ; duffai-je porter ma tête fur un échafaud. Ne me parlez point , au nom de Dieu , dans des termes auffi funeftes que vous m'écrivez ; vivez & foyez difcrète : gardez-vous de Madame votre mère , comme de l'ennemi le plus cruel que vous ayez : que dis-je , gardez-vous de tout le monde ; ne vous fiez à perfonne : tenez-vous prête dès que la lune paroîtra , je fortirai de l'Hôtel *incognito* ; je prendrai un carroffe ou une chaife. . . . . . Mais fi vous m'aimez , confolez-vous ; rappelez toute votre vertu & toute votre préfence d'efprit : contraignez-vous devant Madame votre mère ; tâchez d'avoir votre portrait ; & comptez que l'apprêt des plus grands fupplices ne m'empêchera pas de vous fervir. Non , rien n'eft

capable de me détacher de vous : notre amour eſt
fondé ſur la vertu ; il durera autant que notre vie.
Adieu ; il n'eſt rien à quoi je ne m'expoſe pour vous ;
vous en méritez bien davantage ».

M. de Voltaire avoit deſſein de convertir Mademoiſelle Dunoyer : c'étoit pour accomplir cette
bonne œuvre, qu'il voulut l'engager à quitter ſa
mère & à ſe réfugier à Paris. En attendant, il avoit
tous les ſoirs des rendez-vous avec elle ; & afin
qu'elle ne fût pas connue, il lui avoit envoyé des
habits d'homme. C'étoit à cette occaſion qu'il lui
diſoit :

« Je ne ſais ſi je dois vous appeler Monſieur ou
Mademoiſelle : ſi vous êtes adorable en cornettes,
ma foi vous êtes un aimable Cavalier ; & notre Por-
tier qui n'eſt point amoureux de vous, vous a trouvé
un très-joli garçon : la première fois que vous vien-
drez, il vous recevra à merveille : vous aviez pourtant la mine auſſi terrible qu'aimable, & je crains
que vous n'ayez tiré l'épée dans la rue, afin qu'il ne
vous manquât plus rien d'un jeune homme : après
tout, tout jeune homme que vous êtes, vous êtes
ſage comme une fille.

» Enfin je vous ai vu, charmant objet que j'aime,
  » En Cavalier déguisé dans ce jour :
    » J'ai cru voir Vénus elle-même,
    » Sous la figure de l'Amour.
  » L'Amour & vous, vous êtes du même âge ;
    » Et sa mère a moins de beauté.
    » Mais malgré ce double avantage,
  » J'ai connu bientôt la vérité :
    » O. . . . vous êtes trop sage,
    » Pour être une Divinité.

« Il est certain qu'il n'est point de Dieu qui ne dût vous prendre pour modèle ; & il n'en est point qu'on doive imiter : ce sont des yvrognes, des jaloux & des débauchés. » On me dira peut-être :

  » Avec quelle irrévérence,
  » Parle des Dieux ce maraut.

Mais c'est assez parler des Dieux, venons aux hommes.

Malheureusement pour nos deux Amants, les petits rendez - vous furent découverts, & il n'y eut plus moyen de se voir ; mais on s'écrivoit toujours de part & d'autre.

« Ne comptez plus, disoit, ou plutôt écrivoit M. de Voltaire, que nous puissions nous voir avant mon départ, à moins que nous ne voulions achever de tout gâter : faifons, mon cher cœur, ce dernier effort fur nous-mêmes. Pour moi qui donnerois ma vie pour vous voir, je regarderai votre abfence comme un bien, puifqu'elle me doit procurer le bonheur d'être long-temps auprès de vous, à l'abri des faifeurs de prifonniers & des faifeufes de libelles. Adieu, ma chere : fi tu m'aimes, confole-toi. Songe que nous réparerons bien les maux de l'abfence ; cédons à la néceffité : on peut nous empêcher de nous voir ; mais jamais de nous aimer. Je ne trouve point de termes affez forts pour t'exprimer mon amour ; je ne fais même fi je devrois t'en parler, puifqu'en t'en parlant, je ne fais que t'attrifter au lieu de te confoler. Juge du défordre où eft mon cœur, par le défordre de ma lettre ; mais malgré ce trifte état, je fais un effort fur moi ; imite-moi fi tu m'aimes. Adieu encore une fois, ma chère Maîtreffe. Adieu ma Belle.... Je ne pourrai point vivre à Paris, fi je ne te vois bientôt ».

Mademoifelle Dunoyer, affligée de la perte de fon Amant, tombe malade ; & M. de Voltaire avant fon départ lui écrit encore quelques lettres pleines d'amour, fe plaignant au fort, de n'avoir pas la li-

berté d'aller auprès du lit de fa Maîtreſſe , baiſer
mille fois ſes belles mains , & les arroſer de ſes
larmes ; il fallut enfin céder à la force ; & voilà M.
de Voltaire en route pour Paris , bien réſolu d'y
travailler au rappel , & à la converſion de Mademoiſelle Dunoyer.

« J'arrivai à Paris la veille de Noël. ( C'eſt M. de
Voltaire qui parle ). La première choſe que j'ai faite ,
a été de voir le Père de Tournemine. Ce Jéſuite
m'avoit écrit à la Haye le jour que j'en partis : il
fait agir pour vous M. d'Evreux , votre parent : je lui
ai remis entre les mains vos trois lettres ; & on diſ-
poſe à préſent , M. votre père à vous revoir bientôt ; voilà ce que j'ai fait pour vous : voici mon fort
actuellement. A peine ſuis-je arrivé à Paris , que j'ai
appris que M. L*** avoit écrit à mon père contre
moi , une lettre ſanglante ; qu'il lui avoit envoyé
les lettres que Madame votre mère lui avoit écrites ;
& qu'enfin mon père a une lettre de cachet pour me
faire renfermer. Je n'oſe me montrer ; j'ai fait parler
à mon père : tout ce qu'on a pu obtenir de lui , a
été de me faire embarquer pour les Iſles ; mais on
n'a pu le faire changer de réſolution ſur ſon teſtament

ment qu'il a fait, dans lequel il me deshérite. Ce n'eſt pas tout : depuis plus de trois ſemaines, je n'ai point reçu de vos nouvelles ; je ne ſais ſi vous vivez, & ſi vous ne vivez point bien malheureuſement. Je crains que vous ne m'ayiez écrit à l'adreſſe de mon père, & que votre lettre n'ai été ouverte par lui.... Vous voyez à préſent que je ſuis dans le comble du malheur, & qu'il eſt abſolument impoſſible d'être plus malheureux, à moins que d'être abandonné de vous. Vous voyez d'un autre côté, qu'il ne tient plus qu'à vous d'être heureuſe ; vous n'avez plus qu'un pas à faire. Partez dès que vous aurez reçu les ordres de M. votre père. Vous ſerez aux nouvelles Catholiques. Vous m'aimez, ma chère ;..... Vous ſavez combien je vous aime ; certainement ma tendreſſe mérite du retour. J'ai fait tout ce que j'ai pu pour vous remettre dans votre bien être : je me ſuis plongé, pour vous rendre heureuſe, dans le plus grand des malheurs ; vous pouvez me rendre le plus heureux de tous les hommes. Pour cela revenez en France ; rendez-vous heureuſe vous-même ; alors je me croirai bien récompenſé. Je pourrai un jour me raccommoder entièrement avec mon père ; alors nous jouirons en liberté du plaiſir de nous voir. . . . . . .

Si vous avez aſſez d'inhumanité pour me faire perdre le fruit de tous mes malheurs, & pour vous obſtiner à reſter en Hollande, je vous promet bien ſûrement, que je me tuerai à la première nouvelle que j'en aurai. Dans le triſte état où je ſuis, vous ſeule pouvez me faire aimer la vie. Mais hélas ! je parle ici de mes maux, tandis que peut-être vous êtes plus malheureuſe que moi. Je crains tout pour votre ſanté : je crains tout de votre mère : je me forme là-deſſus des idées affreuſes. . . . . . . . .

. . . Nous ſommes tous deux bien malheureux ; mais nous nous aimons ; une tendreſſe mutuelle eſt une conſolation bien douce. Jamais amour ne fut égal au mien ; parce que perſonne ne mérita jamais mieux d'être aimé. . . . . . . J'ai reçu, ma chère. . . . votre lettre du premier de ce mois, par laquelle j'ai appris votre maladie »: ( c'en étoit une nouvelle ſans doute, ou une rechûte après la première ). « Il ne me manquoit plus qu'une telle nouvelle, pour achever mon malheur ; & comme un mal ne vient jamais ſeul, l'embarras où je me ſuis trouvé, m'a privé du plaiſir de vous écrire la ſemaine paſſée : vous me demanderez quel étoit cet embarras ? C'étoit de faire ce que vous m'avez conseillé. Je me suis mis en pension chez un Procureur, afin d'apprendre la pratique & le métier de Robin, auquel mon père me destine ; & je crois par-là regagner son amitié. Si vous m'aimiez autant que je vous aime, vous vous rendriez un peu à mes prières, puisque j'obéis si bien à vos ordres. Me voilà fixé à Paris pour long-temps ; est-il possible que j'y serai sans vous ? Ne croyez pas que l'envie de vous voir ici, n'ait pour but que mon plaisir : je regarde votre intérêt plus que ma satisfaction ; & je crois que vous en êtes bien persuadée. Songez par combien de raisons la Hollande doit vous être odieuse ».

A propos de sa mère, qu'il n'avoit pas ménagée dans ses lettres, il lui écrivoit dans les précédentes à celle-ci.

« Je vous ai mandé dans ma dernière lettre, que je ne m'occupois que du plaisir de penser à vous. Cependant j'ai lu hier & aujourd'hui les Lettres Galantes de Madame Dunoyer. Son style m'a quelquefois fait oublier. . . . . . Je suis à présent bien convaincu qu'avec beaucoup d'esprit on peut être bien. . . . . . . . J'ai été très-content du premier tome, qui donne bien du prix à ses cadets.

On remarque, fur-tout dans les quatre derniers, un Auteur qui eſt laſſé d'avoir la plume à la main, & qui court au grand galop à la fin de l'ouvrage. J'ai imité l'Auteur en cela, & je me ſuis dépêché d'achever. . . . . . Que je vous fais bon gré, mon cher cœur, d'avoir pris le bon de votre mère, & d'en avoir laiſſé le mauvais ! Mais que je vous ſaurai bien meilleur gré, lorſque vous la quitterez entièrement » !

Vous auriez bien envie, ſans doute, de ſavoir le dénouement de ces amours : & je ferois fort aiſe de vous l'apprendre ; mais Madame Dunoyer a tenu cela ſecret : elle s'eſt contentée de porter ſon jugement ſur les Lettres de M. de Voltaire ; & vous croyez aiſément qu'il n'eſt pas avantageux.

« Le rôle d'Amoureux, dit - elle, que Monſieur A** a joué en Hollande, & qui eſt ſoutenu dans ſes lettres, ne lui convient pas mieux, que la charge qu'il a uſurpée ſur le Parnaſſe, où il prétend régler les rangs. Je doute même qu'il ait été véritablement amoureux. Il eſt un certain âge, où, l'eſprit rempli de toutes les belles choſes qu'on a lues, on s'en fait une ſi forte application, qu'on voudroit prefque acheter aux dépens de toutes les peines des Amadis, le plaifir de pouvoir s'en plaindre auffi élo-quemment, & de les déplorer de même ; & je vous avoue que toutes les plaintes redoutables de M. A**, cet abîme de malheurs, dans lequel il prétend que fa Belle fe trouve plongée, la barbarie d'une mère cruelle & dénaturée qu'il faut abandonner au plus vîte, pour aller fous fa conduite, à lui, à la faveur des rayons de la lune, courir les champs en plein minuit : tout cela, dis-je, femble annoncer un péril éminent, & préparer à voir la lune enfanglantée ; & l'on eft tout étonné de voir qu'il en eft là def-fus, comme de la montagne qui enfanta la fouris, & que tout le crime de cette mère, de laquelle il faut fe défier comme de fa plus mortelle ennemie, qu'on appelle monftre aux cent yeux. . . tout fon crime, dis-je, c'eft de s'oppofer à des irrégula-rités, & à des démarches fcabreufes, auxquelles le Public pourroit donner une mauvaife interprétation, & d'être caufe par fon peu de complaifance là-deffus, qu'on fe donne mille peines pour tâcher de faire ces mêmes démarches à fon infçu : car on aime encore mieux s'expofer à toutes fortes de fatigues, & encourir le blâme public, que de s'empêcher

de les faire , & d'écouter là-deſſus la raiſon & la
bienſéance. En vérité cette mère eſt bien incommode , & bien impolie , de les expoſer à toutes ces
peines , par une ſévérité à contre-temps. Ne ſait-elle
pas bien que dans les Républiques les volontés ſont
libres ? Ne devroit-elle pas mettre la bride ſur le cou
à ſa fille ; & au lieu de la faire coucher tendrement
dans ſon ſein , lui dreſſer un lit dans une galerie ,
pareille à celle où couchoit la fille de *Meſſire
Varambon* ; afin qu'elle fut plus libre pour s'aller
promener , & conter les étoiles avec notre Poëte ;
ſans être obligée de ſe lever pour cela d'auprès
d'elle , ſans bruit & à tâtons : encore un coup , c'eſt
une cruauté inſupportable ; & je dirai , comme Bri-
gantin dans le port de mer ; *vous voyez bien que les
parents ont tort.* Cette impertinente mère avoit bien
tort auſſi , lorſque ſa fille étoit malade , d'empêcher
par ſes tendres ſoins , & par ſon aſſiduité à la ſervir ,
que notre amoureux Poëte , ne pût coler ſa bouche
ſur celle de cette belle , & mouiller ſes belles mains
de ſes larmes. Oui, cela fait fendre le cœur ; & c'eſt
là une bien méchante mère. Auſſi, eſt-elle bien mal-
traitée dans ces lettres , où M. A** prouve bien ce
qu'il dit ; qu'avec beaucoup d'eſprit , on peut en-

core être loin de la perfection. Car enfin, en traitant la mère de sa Maîtresse de la manière dont il la traite, il faut de deux choses l'une : ou qu'il croye faire plaisir à cette Belle, auquel cas il lui croit un bien mauvais cœur, & marque ne l'avoir guère bon lui-même, en s'attachant à une personne si dénaturée ; ou, s'il croit que sa Maîtresse ait les sentiments qu'une fille bien née doit avoir pour sa mère, comment ne craint-il point de lui déplaire, en lui en parlant d'une manière si indigne ? Ainsi on ne peut pas disconvenir qu'il ne péche, ou dans le fond, ou dans la forme. Mais encore un coup, je n'ai garde de m'ériger en Critique, & moins encore de décider en matière d'esprit. Il me paroît qu'il y en a beaucoup dans les lettres en question ; j'y ai remarqué le style des Lettres Portugaises, & plusieurs traits de celles d'Héloïse & d'Abailard ; sur-tout cette manière d'exagérer les malheurs & les besoins qu'on a de se consoler mutuellement l'un & l'autre, par une constance mutuelle : enfin cette confiance avec laquelle on dit d'une manière affirmative, *nous nous aimons ;* quoique naturellement on ne doive pas si fort s'assurer des sentiments d'autrui, & surtout cet air de triomphe avec lequel on défie tous les malveillants, en difant : *on eft maître de m'ôter la vie, mais non pas de m'ôter mon amour*. Tout cela, dis-je, me paroît un peu copié d'après les Lettres Portugaifes, ou d'après Héloïfe ».

Voilà à peu-près, ce que j'ai trouvé de plus agréable & de plus intéreffant dans les Mémoires & les Lettres de Madame Dunoyer, qui, pour être lues avec quelque forte de plaifir, demandent à être abrégées, & dépouillées de toutes les fuperfluités, dont elles abondent. D'ailleurs le jugement qu'en a porté M. de Voltaire, & que vous venez de lire, me difpenfe d'entrer dans une plus longue critique.

NOTE

# N O T E.

(1) La protection que les grands Princes se font toujours fait gloire d'accorder aux Lettres, a plus contribué à leur mériter une réputation immortelle que les conquêtes & les actions les plus brillantes. *Alexandre, Augufte, Charlemagne, François I<sup>er</sup> & Louis XIV,* dont les noms fervent d'époques aux fiècles Littéraires, doivent à cette caufe les tributs d'éloges que la République des Lettres s'empreffe de payer à leur mémoire. Il n'eft aucun Ecrivain, quelque foit la matière qu'il traite, qui ne faififfe l'occafion d'ajouter quelque fleuron à la couronne des protecteurs des Sciences, & ce concert de louanges fubfiftera auffi long-temps que l'empire des Lettres.

Lorfque nous jettâmes les premiers fondements de cette *Galerie Univerfelle des Grands Hommes,* nous crûmes devoir dédier la totalité de cet Ouvrage aux trois Princes, fils de fon Alteffe Séréniffime Monfeigneur le Duc d'Orléans. Nous croyons utile d'inférer ici les deux lettres que cet augufte Prince

H

nous fit écrire par Madame la *Comtesse de Genlis*, actuellement *Marquise de Sillery*, pour servir d'encouragement à ceux qui courent notre même carrière.

Belle Chasse, ce 16 Septembre.

M. le Duc de Valois & les Princes ses Frères, acceptent avec reconnoissance l'offre que vous voulez bien leur faire, Monsieur, & ils feront charmés d'avoir le plaisir de vous en remercier eux-mêmes.

J'ai lu avec beaucoup d'intérêt le Prospectus que vous avez eu la bonté de m'envoyer ; il annonce un Ouvrage fait pour plaire également aux Gens du Monde & aux Gens de Lettres, & la Société qui se consacre à cet intéressant travail, fait un estimable & utile emploi de ses talents & de son instruction.

J'ai l'honneur d'être,

MONSIEUR,

Votre très-humble & très-<br>obéissante servante.<br>*Signé* DUCREST GENLIS.

Madame la Comtesse de Genlis, quelques jours après cette première lettre, prit les ordres de Monseigneur ( le Duc de Chartres aujourd'hui Duc d'Orléans ), & m'écrivit la lettre suivante.

J'ai l'honneur de vous renvoyer, Monsieur, l'Epître Dédicatoire que vous avez bien voulu me communiquer ; j'y suis traitée avec trop d'indulgence pour qu'il me soit permis d'en faire l'éloge. Les jeunes Princes desirent extrêmement vous remercier, Monsieur, & ils vous recevront avec le plus grand plaisir, le jour qui pourra vous convenir, entre une & deux heures après-midi. Si vous voulez bien vous nommer au Suisse de M. le Duc de Valois, & ensuite arrivé à l'appartement, faire demander *M. le Brun*, ce dernier aura l'honneur de vous présenter à M. le Duc de Valois, & aux Princes ses Frères.

J'ai l'honneur d'être,

MONSIEUR,

> Votre très - humble
> servante.
> *Signé* DUCRET GENLIS.

Jeudi 23 Septembre.

Comme on ne peut imprimer cette Epître Dédicatoire qu'avec l'autorisation de M. le Duc de Chartres, j'ai pris ses ordres à ce sujet. J'ai eu l'honneur de lui lire l'Epître & le Prospectus, & il m'a chargé de vous dire de sa part, Monsieur, qu'il est charmé qu'un Ouvrage aussi intéressant & aussi instructif, soit dédié à ses Enfants, & qu'il vous en remercie, Monsieur, ainsi que la Société qui travaille à cet estimable Ouvrage. Il prendra une souscription ; Madame la Duchesse de Chartres en desire une aussi ; je vous en demande trois, Monsieur, pour les jeunes Princes, une pour Mademoiselle, & deux pour moi, ce qui fait en tout *huit souscriptions* que je vous supplie de vouloir bien remettre au porteur de cette lettre. — En montrant cette lettre au Censeur qui doit lire votre Ouvrage, on ne fera nulle difficulté d'imprimer 'Epître Dédicatoire.

H ij

C'eſt par de pareils encouragements qu'on électrife le zèle, qui eſt plus fait pour le faire naître, que des Princes dont la haute naiſſance & les difpoſitions heureuſes les rendent dignes de protéger les Lettres & ceux qui les cultivent.

Inacceſſible à toute prétention, ſourd aux jaƈtances de la médiocrité, nous ne ferons point intimidé par les petites manœuvres que l'amour-propre révolté ourdit toujours ſi adroitement pour nuire, mais dont le courage d'un véritable Hiſtorien dédaigne de fe venger.

Ennemi juré de toute perſonnalité, nous proteftons que nos portraits ne ſont tracés que d'après les ridicules modernes ; s'ils choquent l'orgueil de certaines gens, c'eſt plutôt leur faute que la nôtre, puiſque nous n'eſquiſſons que ſuperficiellement. Que ferois-ce donc, ſi nous nous appeſantiſſions ſur les détails..... Nous croyons devoir terminer cette note par ce que nous diſions à *Frédéric Guillaume*, *Roi de Prußſe*, dans l'Epître dédicatoire de la Vie du *Salomon du Nord* que nous lui adreſſâmes, & qu'il a accueillie avec tant de bonté. Eloigné des perſonnages dont nous aurons ſouvent occaſion de parler, nous ferons libres, puiſque nous n'en craindrons ni eſpé-

rerons rien. Il en eſt dont les deſcendants ſont puiſ-
ſants. La vérité pour nous eſt plus puiſſante, &
c'eſt en l'écoutant que nous prouverons à leurs ne-
veux que nous ſommes dignes de tranſmettre aux
âges à venir les traits de leurs ancêtres. Nous nous
ſouviendrons toujours dans le monde, qu'ils exiſtent
pour imiter leurs vertus ; dans le cabinet, nous l'ou-
blierons, & nous jugerons leurs ayeux. Comme ſi
la tombe qui couvre leur cendre, avoit également
recouvert leur poſtérité.

F I N.

## A V I S.

Nous aurions donné notre premiere Livraison à l'époque annoncée par notre Prospectus; mais ce qui nous a retardé c'est le desir de joindre à la Gravure de Marie-Thérèse, celle de notre auguste Reine, que nous donnerons à MM. nos Soufcripteurs lors de la deuxième Livraison, ainsi que celle de Madame la Marquise Du Chatelet; fujet du fecond Numéro.